はじめての チョコレート
Lesson 1 レッスン

はじめに ... 4

Lesson 1 レッスン　固めるだけの かんたんショコラ
　ハートのカップショコラ ... 7
　Variation 1 バリエーション　ハートの棒つきショコラ ... 10
　Variation 2 バリエーション　宝石ショコラ ... 12

Lesson 2 レッスン　チョコレートの王様 トリュフ
　ココアがけトリュフ ... 15
　Variation バリエーション　トッピングトリュフ ... 18

Lesson 3 レッスン　ちょっぴり大人味 生チョコ
　カップ生チョコ ... 21
　Variation バリエーション　ビン生チョコ ... 24
　　　　　　　　　　　　　　トッピング生チョコ ... 25

Lesson4 形が楽しめる チョコクッキー

ハートのチョコクッキー 27

Variation1 デコレーションクッキー 30

Variation2 マシュマロサンドクッキー 32

Variation3 メッセージパズルクッキー 34

Lesson5 カップで一工夫 チョコカップケーキ

かわいいチョコカップケーキ 37

Variation1 マグカップケーキ 40

Variation2 チョコがけカップケーキ 42

Lesson6 かんたんケーキ チョコブラウニー

スクエアブラウニー 45

Variation スティックブラウニー 48

Lesson7 すぐできる かんたんチョコ

キットカットパイ 51

Variation1 ハートのキットカットパイ 53

Variation2 コロコロチョコクリスピー 54

Variation3 いちごチョコ 56

Variation4 チョコプリン 58

材料いろいろ 60

用具いろいろ 61

プレゼントに 62

おわりに 63

おかし作りってたいへん！
そう思っていませんか？

はじめてでも大丈夫！
かんたんなおかしもたくさんあります。

作り方を見ながら、順に作っていきましょう。
食べておいしいのはもちろんですが
作るのが楽しいのがおかし作りの魅力です。
楽しく作ればおいしいのは間違いなし！です。
お友達にプレゼントもしましょう！

作りはじめる前に

1 大人の人といっしょに作りましょう！

火を使ったり、包丁を使ったり、危ないことも多いので、必ず大人の人といっしょにやりましょう。

2 手を洗ってからはじめましょう！

作りはじめる前に、必ず手を洗いましょう。

3 材料、用具はそろえてからはじめましょう！

途中で取りにいく間に状態が変化することもあるので、必ずそろえましょう。

4 計量はキチンと正確にしましょう！

計量が正確でないと、できあがりが違ってきます。

5 後かたづけはしっかりしましょう！

後かたづけをキチンとするのが、おかし作りのルールです。

固(かた)めるだけの かんたんショコラ

チョコを溶(と)かしたら、ケースに入(い)れるだけ！
かわいいケースをさがしましょう！

チョコは空気(くうき)がきらいなので
湯(ゆ)せんで溶(と)かすときに
あまり、さわらないのがポイントです。

チョコが
しっかり溶(と)けてから
ケースに
流(なが)しましょう！

固(かた)まるちょっと前(まえ)に
トッピング！

ハートのカップショコラ

アルミのハートカップに入れたら
楽しんでトッピングしましょう！

ハートのカップショコラ

材料をそろえましょう！

約10個分
スイートチョコレート 180g

トッピング 各適量

・・・ アラザン
・・・ カラースプレー
・・・ トッピングシュガー

用具をそろえましょう！

ボウル（小・中）
小さいへら（スプーンでもOK!）
計量カップ

アルミカップ

溶けるまで混ぜないのがポイントです。

さあ、準備ができたら作りましょう！

1 チョコレートを溶かします。

①ボウル（中）にチョコレートを入れ、ボウル（小）にお湯を入れます。

②お湯を入れたボウルの上にチョコレートのボウルをのせます。

③チョコレートが溶けてきたら、へらで混ぜます。

2 アルミカップに入れます。

④ 混ぜすぎないように気をつけて混ぜ、なめらかになるまで溶かします。

① 計量カップに入れます。

② ハートカップに流し入れます。

3 トッピングします。

① そのまま置き、少し固ってきたら、トッピングをのせます。

でき あがり！
② 固まったらできあがりです。

好きなように
トッピング
しましょう！！

P.10 ハートの棒つきショコラ

※チョコレートは、ハートのカップショコラと同じように溶かします。

型
専用の型があります。

① ハートの型に棒をのせます。

② ハートの型に溶かしたチョコレートを流し入れます。

ハートの棒つきショコラ

1本でも立派なプレゼントになる棒つきのチョコです。

かわいくデコレーションしましょう！

宝石ショコラ

宝石の形に固めたら、
はなやかにデコレーション！

ショコラの 材料 用具 作り方
P.8 ハートのカップショコラと同じです。
宝石の型に流し入れて、デコレーションします。

使用した型

ショコラをラッピング

透明の袋を使って見えるようにラッピング！
もらってうれしいチョコギフトです。

かわいい！
ほしい！！

棒を出して
ラッピング！

小さなお皿を
入れて……

かわいい袋で……

袋を細長くして
モールはハートに！

はじめての
チョコレート
Lesson2
レッスン
トリュフ

チョコレートの王様 トリュフ

生クリームを加えるだけで
1粒でもおいしいトリュフができます。

まん丸でかわいいトリュフは
ココアをふるだけでもいいし
トッピングを楽しんでも！

おいしいヒミツは
生クリームが
入ってるからなの！

おいしい！

ココアがけトリュフ

まん丸に丸めたらココアをふって！
ハートのピックをさしてもいいですね。

ココアがけトリュフ

🌸 材料をそろえましょう！

約10個分
スイートチョコレート	160g
生クリーム	80ml
ココア	適量

🌸 用具をそろえましょう！

鍋
へら
バット
ラップ
スプーン
フォーク

 アルミカップ

 ピック

🌸 さあ、作りましょう！

1 生クリームにチョコレートを溶かします。

❶ 鍋に生クリームを入れます。

❷ 弱火にかけます。

❸ まわりから小さな泡が出て、温まったら、火からおろし、チョコレートを加えます。

❹ チョコレートが自然に溶けるまで待ちます。

❺ チョコレートが溶けてきたら、へらでゆっくり混ぜます。

❻ 混ぜすぎないようにして、なめらかになるまで溶かします。

2 バットに入れて冷やします。

① バットなどに平らに入れます。

② 冷蔵庫で約1時間冷やします。

3 丸めます。

① 冷蔵庫から取り出し、スプーンで小さじ2くらいすくってラップにのせます。

② ❶をラップで包み、丸めます。

4 ココアをまぶします。

① ココアの上にのせ、フォークで転がしてココアをつけます。

② できあがり！

5 ピックをさしてもいいですね。

① ハートのピックをさします。

② できあがり！

アイデアラッピング

トッピングトリュフ

チョコをコーティングしたり
かわいいトッピングでお絵描きすれば
よりかわいいトリュフになります。

トリュフの 材料
P.16 ココアがけトリュフと同じです。

トリュフにプラス 用具 バッド・網

トリュフの 作り方
P.16 ココアがけトリュフの3❷までと同じです。

トッピングの材料

スイートチョコレート	
ピンクチョコレート	
ホワイトチョコレート	各適量
アラザン、カラースプレー	
トッピングシュガー、金粉	各適量
ココア、粉糖	各適量

✦ さあ、トッピングしましょう！

コーティング

1
チョコレートはそれぞれボウル(中)に入れて、ボウル(小)にお湯を入れます。

2
お湯を入れたボウルの上にチョコレートのボウルをのせて、溶かします。

3
網をのせたバットなどにトリュフをのせ、❷をスプーンでかけてチョコレートをつけます。

ツノツノ

トリュフにつけたチョコレートが固まる前にフォークでつつきます。

線描き

トリュフのチョコレートが固まったらチョコレートペンで線を描きます。

粉糖

粉糖の上にトリュフをのせ、フォークで転がして粉糖をつけます。

トッピングシュガー	金粉	アラザン	ホワイトチョココーティング	ピンクチョココーティング	トッピングシュガー	ホワイトチョコツノツノ
チョコペン	チョココーティング	ココア　チョコペン	トッピングシュガー	チョコペン	粉糖	

ちょっぴり大人味
生チョコ

生クリームに少しだけバター。
ツヤも出て、またおいしくなります。

形にこだわらないで
ケースに入れたり、スプーンですくったり！
ワイルドに盛りつけてもいいですね。

生チョコができたら
ラッピングして
プレゼントしましょう！

もらったら
うれしいね！

カップ生チョコ

プラスチック容器に
ワイルドに入れるのがポイントです！
仕上げにココアをふりましょう。

カップ生チョコ

材料をそろえましょう！

約4個分
スイートチョコレート	180g
生クリーム	90ml
無塩バター	15g
ココア	適量

用具をそろえましょう！

鍋
へら
バット
スプーン
ふるい

カップ

さあ、作りましょう！

1 生クリームにバター、チョコレートを溶かします。

❶ 鍋に生クリーム、バターを入れます。

❷ 弱火にかけ、まわりから小さな泡が出て、温まったら、火からおろし、チョコレートを加えます。

❸ チョコレートが自然に溶けるまで待ちます。

2 冷やします。

❹ チョコレートが溶けてきたら、へらでゆっくり混ぜます。

❺ 混ぜすぎないようにして、なめらかになるまで溶かします。

バットなどに平らに入れ、冷蔵庫で約1時間冷やします。

3 ケースに入れます。

冷蔵庫から取り出し、スプーンでカップに入れます。

ココアをかけます。

できあがり！

アイデアラッピング

生チョコ容器いろいろ

小さなココット容器に流し入れてそのままプレゼント！

かわいいココット容器がいろいろあります！

ビン生チョコ

小さなふたつきのビンに入れました。
そのまま贈っても！

トッピング生チョコ

丸いプラスチックケースに入れて
カラースプレーをかけて
ちょっとかわいい生チョコです。

カラースプレーは
チョコが固まりかけたところで
トッピングします。

ビン生チョコ

生チョコの 材料 用具 作り方
P.22 カップ生チョコと同じです。

トッピング生チョコ

材料 約3個分

スイートチョコレート	180g
生クリーム	90mℓ
無塩バター	15g
カラースプレー	適量

用具
鍋・へら

作り方 P.22 カップ生チョコの 1 と同じで、
カップに流し入れ、トッピングします。

はじめての
チョコレート
Lesson 4
レッスン
クッキー

形が楽しめる
チョコクッキー

サクッとおいしい！
ココアで作るチョコクッキーです。

抜き型で抜いたり、切ったり
かわいい形にできるのがいいですね。
デコレーションも楽しんで！

バターとお砂糖を
しっかり混ぜるのが
ポイント！

ハートのチョコクッキー

ハートの型でおいしいチョコ味!
プレゼントにぴったりなクッキーです。

ハートのチョコクッキー

材料をそろえましょう！

約15枚分

無塩バター	90g	[粉類]	
粉糖	90g	薄力粉 180g	ベーキングパウダー 小さじ1/2
卵	1個	ココア 20g	塩 少々

用具をそろえましょう！

ボウル(小・中・大)
ふるい　泡立て器
フォーク　へら
ラップ　麺棒
オーブン

型

下準備をしましょう！

- バター、卵は冷蔵庫から出しておきます。
- 粉類は合わせてふるっておきます。
- 卵は溶いておきます。
- 天板にクッキングシートを敷いておきます。
- オーブンは180度に予熱しておきます。

さあ、作りましょう！

1 ボウルにバターを入れて、混ぜます。

❶ ボウル(大)にバターを入れ、泡立て器で少しなめらかになるまで混ぜます。

❷ 粉糖を2〜3回に分けて入れ、混ぜます。

❸ 白っぽくなってふわっとするまで混ぜます。

2 溶き卵を少しずつ加えて混ぜます。

❶ ボウル(小)に卵を割り入れ、フォークで混ぜます。

❷ 溶いた卵を少しずつ加えて混ぜます。

❸ 混ざったら、少し加えては混ぜる、を繰り返して分離しないように混ぜます。

3 粉類を加えます。

① ふるった粉類を加えます。

② へらを縦にして、さっくりと切るように混ぜます。

③ 練らないように混ぜ、生地をひとまとめにします。

4 ラップで包み冷やします。

① 3をラップの真ん中にのせます。

② ラップで包み、上から押して四角く整え、冷蔵庫で約1時間休ませます。

5 のばして型で抜きます。

① 台に薄力粉（分量外）をふり、生地を麺棒で3㎜厚さにのばします。

6 オーブンで焼きます。

② ハートの型で抜きます。

① 天板に間隔をあけてのせます。

② 180度のオーブンで約12分焼きます。

できあがり！

デコレーションクッキー

クッキーが焼けたらデコレーション！
チョコペンや
トッピングシュガーを使って……

材料 用具

P.28 ハートのチョコクッキーと同じです。

トッピングの材料

チョコレートペン(ホワイト・ピンク・イエロー・
　オレンジ・パープル・ブルー・グリーン) 各適量
アラザン、カラースプレー、トッピングシュガー 各適量

マシュマロサンドクッキー

マシュマロをはさんで
電子(でんし)レンジでチンするだけ！
かわいいクッキーができます。

クッキーの 材料 用具 作り方
P.28 ハートのチョコクッキーと同じです。

ハートのチョコクッキーにプラス 材料　約8個分
ミニマシュマロ　適量

用具　電子レンジ

🍫 マシュマロをはさんでみましょう！

❶ クッキーにマシュマロをのせます。

❷ 電子レンジでマシュマロがふくらむまで数秒温めます。

❸ もう1枚のクッキーを重ねます。

❹ できあがりです。

アイデアラッピング

マシュマロがふくらむよ！

メッセージパズルクッキー

クッキーを並べたらメッセージが！
バラバラにしてプレゼントしましょう！

クッキーの 材料 用具
P.28 ハートのチョコクッキーと同じです。

クッキーの 作り方
P.28 ハートのチョコクッキーの5❶までと同じです。

ハートのチョコクッキーにプラス

| 材料 | 12×18cm 1枚分 | 用具 | 包丁 |

チョコレートペン
(ピンク・イエロー・オレンジ・
ブルー・パープル) 各適量
トッピングシュガー 適量

ヒントは、
クッキーのはじっこ！
はじっこをたよりに
並べましょう。

❋ さあ、パズルクッキーを作りましょう！

1 生地に線を入れて焼きます。

❶ 12×18cmに切ります。

❷ 縦に5等分、横3等分に、下まで切らないように薄く切り込みを入れます。

❸ 180度のオーブンで約12分焼きます。

2 クッキーを割って描きます。

❶ ひとつひとつ切り離します。

❷ チョコレートペンで描き、トッピングシュガーをのせます。

35

カップで一工夫
チョコカップケーキ

おいしくて、ボリュームもあって
男子に人気なカップケーキ！

カップを工夫すると
いろいろな雰囲気になります。
デコレーションしてもいいですね。

かわいい チョコカップケーキ

かわいい紙(かみ)のカップです。
ハートのピックをさして！

かわいいチョコカップケーキ

❋ 材料をそろえましょう！

約8個分
無塩バター	100g	[粉類]	
グラニュー糖	60g	薄力粉 120g	ベーキングパウダー 小さじ1/2
卵	1と1/2個	ココア 15g	塩 少々
生クリーム	30ml		

❋ 用具をそろえましょう！　　❋ 下準備をしましょう！

ボウル（小・中・大）　　カップ
ふるい　泡立て器
へら　スプーン　　　　　ピック
オーブン

- バター、卵は冷蔵庫から出しておきます。
- 粉類は合わせてふるっておきます。
- 卵は溶いておきます。
- オーブンは180度に予熱しておきます。

❋ さあ、作りましょう！

1 ボウルにバターを入れて、混ぜます。

ボウルにバターを入れ、泡立て器で少しなめらかになるまで混ぜます。

グラニュー糖を2〜3回に分けて入れ、混ぜます。

白っぽくなってふわっとするまで混ぜます。

2 溶き卵を少しずつ加えて混ぜます。　　### 3 生クリームを加えます。

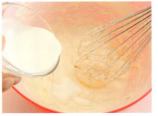

溶いた卵を少しずつ加えて混ぜます。

混ざったら少しずつ加えて、を繰り返して混ぜます。

生クリームを少しずつ加え、さらに混ぜます。

4 粉類を加えます。

① ふるった粉類を加えます。

② へらを縦にして、さっくりと切るように混ぜます。

③ 粉っぽさがなくなるまで手早くしっかり混ぜます。

5 カップに入れます。

① 紙のカップにスプーンで入れます。

② 八分目まで入れ、生地はならさずそのままにします。

6 オーブンで焼きます。

① 180度のオーブンで20～25分焼きます。

7 ピックをさします。

① カップケーキが冷めたら、ピックをさします。

② できあがりです。

ピックだけでぐっとかわいくなるのね！

マグカップケーキ

マグカップでカップケーキ！
カップごとプレゼントしましょう。

カップいろいろ

ココット容器や小さいマグカップ
カップでイメージアップできますね。

カップに生地を
入れるときはあふれないように
八分目くらいまで入れます。

マグカップケーキ

材料 用具 作り方

P.38 かわいいチョコカップケーキと同じです。

チョコがけカップケーキ

溶かしたチョコをかけて、トッピング！
ピンクやホワイトのチョコもいいですね！

材料 用具
P.38 かわいいチョコカップケーキと同じです。

カップケーキの 作り方
P.38 かわいいチョコカップケーキの6までと同じです。

チョコがけの材料
スイートチョコレート
ピンクチョコレート
ホワイトチョコレート　各適量
カラースプレー・アラザン・
トッピングシュガー　各適量

✿ さあ、チョコがけしましょう！

❶ チョコレートはそれぞれボウル(中)に入れて、ボウル(小)にチョコレートを溶かすお湯を入れます。

❷ お湯を入れたボウルの上にチョコレートのボウルをのせます。

❸ 混ぜすぎないように気をつけて混ぜ、なめらかになるまで溶かします。

❹ カップケーキが冷めたら、❸をスプーンでかけます。

❺ トッピングをのせます。

いろいろなカップがあるの。カップ選びも楽しいわね！

紙カップいろいろ

紙のカップもいろいろあります。
カップ選びもポイントですね。

かんたんケーキ チョコブラウニー

材料を順に入れて混ぜるだけ！
はじめてでも安心なケーキです。

ナッツが入って
サクッとした食感もいいですね！
好きな形に切ってプレゼントしましょう。

スクエアブラウニー

四角(しかく)く切(き)ったブラウニー
ワックスペーパーで包(つつ)みましょう！

スクエアブラウニー

材料をそろえましょう！

20×20cm 1台分

スイートチョコレート 150g	[粉類]
無塩バター 60g　卵 2個	薄力粉 50g
グラニュー糖 60g	ベーキングパウダー 小さじ1/4
アーモンド、くるみ 各20g	塩 少々

用具をそろえましょう！

ボウル(小・中・大)
ふるい　泡立て器
フライパン　へら
包丁　まな板
オーブン

下準備をしましょう！

● バター、卵は冷蔵庫から出しておきます。
● 粉類は合わせてふるっておきます。
● 角型にクッキングシートを敷いておきます。
● オーブンは180度に予熱しておきます。

さあ、作りましょう！

1 アーモンドとくるみをきざみます。

❶ フライパンを温め、アーモンド、くるみを入れてからいりします。

❷ 冷めたら、粗くきざみます。

❸ 器に入れておきます。

2 チョコレートとバターを溶かします。

❶ ボウル(中)にチョコレート、バターを入れ、ボウル(小)にお湯を入れます。

❷ お湯を入れたボウルの上にチョコレートのボウルをのせます。

❸ チョコレートが溶けてきたら、へらで混ぜすぎないように混ぜ、なめらかになるまで溶かします。

3 卵とグラニュー糖を混ぜ、2❸を加えます。

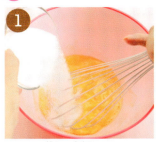

❶ ボウル(大)に卵、グラニュー糖を入れ、泡立て器で混ぜます。

❷ 2❸を少しずつ加えて混ぜます。

❸ むらなく混ぜます。

4 3❸に粉類とナッツを加えます。

❶ ふるった粉類を加え、へらでさっくり混ぜます。

❷ 1❸を加えて混ぜます。

5 オーブンで焼きます。

❶ 型に流し入れます。

6 切ります。

❷ 180度のオーブンで15～20分焼きます。

❶ 冷めたら、四角く切ります。

❷ できあがり！

スティックブラウニー

スティック状に切って
キャンディーみたいに包みます。

スティックブラウニー　材料　用具　作り方

P.46 スクエアブラウニーの5の②まで同じです。
冷めたらスティック状に切り、ワックスペーパーで包みます。

形いろいろブラウニー

型で抜いたり、切ったり！
いろいろな形ができます。

型で抜いたもの

形でイメージが変わるのね。

切ったもの

すぐできる かんたんチョコ

すぐできるのがうれしい！
なのに、おいしいチョコです。

はじめてなら、チョコ作りの練習に
ここからはじめてもいいですね。
楽しく作れるものばかりです！

キットカットパイ

冷凍のパイシートに
キットカットをはさんだだけ！
サクサクおいしいパイです。

キットカットパイ

材料をそろえましょう！

4個分
冷凍パイシート	1枚
キットカット	4個
卵黄	少々

用具をそろえましょう！

麺棒　フォーク　刷毛　オーブン

穴のあいているパイシートならそのまま使えます。

さあ、作りましょう！

1 パイシートをのばして、切ります。

❶ パイシートは冷凍庫から出し、角が持ち上がるようになるまで解凍します。

❷ パイシートは1.2倍くらいになるまで麺棒でのばします。

❸ 全体にフォークで穴をあけます。

❹ 8等分に切ります。

2 キットカットをはさみます。

❶ キットカットをのせ、まわりに溶いた卵黄を塗ります。

❷ もう1枚のパイをのせます。

3 卵黄を塗り、焼きます。

3 まわりをフォークで押さえます。

1 卵黄を塗ります。

2 クッキングシートを敷いた天板にのせ、200度のオーブンで約10分焼きます。

できあがり！

ハートのキットカットパイ

ハートの型でパイシートを抜いたらキットカットをはさんで！

はじめてのチョコレシピ
Variation 1 バリエーション
かんたんチョコ

材料	約6個分　P.52 キットカットパイと同じで キットカット 3個
用具	P.52 キットカットパイと同じで、プラスハートの型
作り方	P.52 キットカットパイの1〜3までと、3と同じです。

ハートの型で抜いたパイに半分に切ったキットカットをはさんで……

コロコロチョコクリスピー

マシュマロを溶かして
チョコクリスピーを入れて丸めただけ！
プレゼントにはいいですね。

コロコロチョコクリスピー

材料をそろえましょう！

約12個分	
マシュマロ	50g
無塩バター	20g
チョコクリスピー	50g

用具をそろえましょう！

フライパン　へら

熱いので気をつけて丸めてね！

さあ、作りましょう！

1 マシュマロを溶かします。

フライパンを温め、マシュマロ、バターを入れます。

へらで混ぜながら、マシュマロ、バターを溶かします。

2 チョコクリスピーを入れます。

マシュマロ、バターが溶けたら、チョコクリスピーを加えます。

しっかり混ざるまで、へらで混ぜます。

3 丸めます。

あら熱が取れたら、手で丸めます。

できあがり！

いちごチョコ

いちごとチョコのコラボが最高(さいこう)！
カラースプレーでかわいくトッピング。

いちごチョコ

✺ 材料をそろえましょう！

6個分	
スイートチョコレート	100g
いちご	6個
アラザン、カラースプレー	各適量

トッピングは
チョコが
固まる前に。

✺ 用具をそろえましょう！

ボウル（中・小）　へら　バット　網

✺ さあ、作りましょう！

1　チョコレートを溶かします。

① ボウル（中）にチョコレートを入れ、ボウル（小）にお湯を入れます。

② お湯を入れたボウルの上にチョコレートのボウルをのせます。

③ チョコレートが溶けてきたら、へらで混ぜます。

2　いちごにチョコレートをつけ、トッピングします。

できあがり！

① いちごに1③をつけます。

② 網をのせたバットなどにのせ、アラザン、カラースプレーをつけます。

③ そのまま置いて固めます。

57

チョコプリン

人気(にんき)のチョコプリンです。ビンに入れたら、冷(ひ)やしてプレゼントしましょう！

Variation4
バリエーション
かんたんチョコ

チョコプリン

材料をそろえましょう！

約3個分

粉ゼラチン	5g	牛乳	250ml
水	大さじ2	グラニュー糖	60g
卵	1と1/2個		
ココア	大さじ1と1/2		

下準備をしましょう！

- 水に粉ゼラチンを加えて混ぜ、ふやかしておきます。

用具をそろえましょう！
ボウル　泡立て器　へら　ざる　計量カップ

さあ、作りましょう！

1 卵にココア、グラニュー糖、牛乳を加えます。

ボウルに卵、ココアを入れ、泡立て器で混ぜます。

グラニュー糖を加えて混ぜます。

温めた牛乳を少しずつ加えて混ぜます。

2 ゼラチンを加えます。

ふやかしたゼラチンを加えて溶かします。

ざるなどでこし、計量カップに入れます。

3 容器に入れます。

できあがり！

ビンに流し入れ、冷蔵庫で冷やし固めます。

材料いろいろ

この本で使われた材料です。
1つの材料でいろいろ作れます。

ここを読んでから
材料をそろえましょう。

チョコレート

チョコレートには、ピンクとホワイトも
あります。

ココア

甘くないものを使います。

バター

無塩バターです。

小麦粉

おかしは薄力粉を使います。

グラニュー糖

おかしのお砂糖はグラニュー糖です。

粉糖

クッキーに使います。

生クリーム

この本では動物性を使います。

牛乳

新鮮なものを使います。

卵

Mサイズを使います。

ベーキングパウダー

生地をふくらますときに使います。

60

用具いろいろ

この本で使われた用具です。
代用できるものがあればそれでもかまいません。

♥ 量る

おかし作りにとって計量は大事。しっかり量りましょう。

- はかり
- 計量カップ
- 計量スプーン

♥ 混ぜる

混ぜ方はいろいろです。混ぜ方に合わせて使いましょう。

- ボウル
- 泡立て器
- へら

♥ あると便利

麺棒	粉ふるい	刷毛

ラップの芯でも代用できます。	ざるでも代用できます。	卵黄を塗るのに使います。

プレゼントに

おかしが上手にできたら
お友達にもプレゼント！

いろいろな方法があるので
ラッピングも楽しんで！

かわいいラッピンググッズを
選ぶのも楽しいですね。

おわりに

みんなが大好きなチョコおかし
上手に作れましたか？

とってもおいしくできて
びっくりしたのでは……と思います。

おかし作りは卵や粉や牛乳が
どんどん変化していくのが楽しいですね。

作る楽しさを味わって
食べて、おいしさを味わって
手作りおかしの楽しさを味わってください。

作ることの楽しさ伝えられたなら……
小さなおかしに大きな願いを込めて。

著者プロフィール
寺西恵里子 てらにし えりこ

(株)サンリオに勤務し、子ども向けの商品の企画デザインを担当。退社後も"HAPPINESS FOR KIDS"をテーマに手芸、料理、工作を中心に手作りのある生活を幅広くプロデュース。その創作活動の場は、実用書、女性誌、子ども雑誌、テレビと多方面に広がり、手作りを提案する著作物は550冊を超え、ギネスに申請中。
http://www.teranishi-eriko.co.jp

寺西恵里子の本
『フェルトで作るお菓子』『かんたん！かわいい！ひとりでできる！ゆびあみ』(小社刊)
『かわいいフェルトのマスコット』(PHP研究所)『チラシで作るバスケット』(NHK出版)『3歳からのお手伝い』(河出書房新社)
『ほっこりおいしい。おうちdeひとりごはん』(主婦の友社)『広告ちらしでつくるインテリア小物』(主婦と生活社)
『フェルトで作るお店屋さんごっこ』(ブティック社)『365日子どもが夢中になるあそび』(祥伝社)
『0・1・2歳のあそびと環境』(フレーベル館)『ねんどでつくるスイーツ＆サンリオキャラクター』(サンリオ)
『エコ手芸でお店屋さんフェルトのお花屋さん』(汐文社)かんたん手芸『フェルトでつくろう』(小峰書店)

撮影	奥谷仁
デザイン	ネクサスデザイン
カバーデザイン	サイクルデザイン
作品制作	並木明子　池田直子　関亜紀子 齊藤沙耶香　井本佳代子　海野稚奈実
イラスト	高木敦子
校閲	校正舎楷の木
企画・進行	鏑木香緒里

ひとりでできる！For Kids!!
はじめてのチョコレート

平成28年1月20日 初版第1刷発行
平成30年12月10日 初版第2刷発行
著者●寺西恵里子
発行者●穂谷竹俊
発行所●株式会社 日東書院本社
〒160-0022　東京都新宿区新宿2丁目15番14号　辰巳ビル
TEL●03-5360-7522(代表)　FAX●03-5360-8951(販売部)
振替●00180-0-705733　URL●http://www.TG-NET.co.jp

印刷●大日本印刷株式会社　製本●株式会社セイコーバインダリー

本書の無断複写複製(コピー)は、著作権上での例外を除き、著作者、出版社の権利侵害となります。
乱丁・落丁はお取り替えいたします。小社販売部までご連絡ください。
©Eriko Teranishi2016,Printed in Japan　ISBN 978-4-528-02085-6　C2077